Género Fantasía

I0794547

Pregunta esencial

¿Por qué se postulan las personas para cargos públicos?

Los lobos de Yellowstone

Kathy White

ilustrado por Bryan Berry

CAPÍTULO 1

Un día triste en Yellowstone

Un largo y espeluznante aullido hizo eco a través del cañón. Los lobos del Parque Nacional de Yellowstone supieron inmediatamente que Cola Gris, el líder del Consejo de Lobos, había muerto.

Fuego de Plata movió su cabeza con tristeza.

—Cola Gris era un líder sabio, amable y fuerte. Siempre estaba dispuesto a ir más allá del deber por nosotros.

Danza de Luna suspiró mientras miraba a sus cachorros, Pequeña Mancha y Pie Blanco, revolcándose y gruñendo en las hojas de otoño. Sonrió levemente y dijo:

—Cola Gris toleraba que los cachorros más jóvenes ronronearan y saltaran sobre él, incluso cuando le jalaban de sus viejas orejotas.

Fuego de Plata rio.

—Y no importaba lo cansado que estuviera o lo tontas que parecieran mis preguntas, Cola Gris siempre escuchaba.

—Supongo que por eso era un buen líder, un gran gobernador —dijo Danza de Luna, suspirando de nuevo—. ¿Qué haremos sin Cola Gris? ¿Quién liderará el Consejo de Lobos?

Fuego de Plata se había preguntado lo mismo. Ahora inclinó la cabeza mientras pensaba.

—Está Estrella Brillante. Es una gran cazadora y muy inteligente.

—También es muy joven —dijo Danza de Luna—. No tiene suficiente experiencia para liderar el Consejo de Lobos.

—Bueno, si quieres un lobo valiente, ahí está Raya Negra de la manada de lobos grises.

Danza de Luna gruñó y entrecerró los ojos.

—Raya Negra es peligroso. Puede ser fuerte y valiente, sin embargo, no es sabio.

Pequeña Mancha se quejó.

—Me da miedo. Dijo que podía comerme. Puedo ser pequeño, pero soy tan rápido como una flecha.

—Lo sé —dijo Fuego de Plata mientras acariciaba suavemente a Pequeña Mancha.

Los lobos de Yellowstone pronto tendrían que elegir un nuevo líder. Las cuatro manadas de lobos se estaban alistando para separarse en áreas diferentes del parque para pasar el invierno. El nuevo líder tenía que ser elegido de una de las manadas antes del invierno. Sin embargo, Fuego de Plata no podía pensar en nadie que fuera lo suficientemente bueno para remplazar a Cola Gris.

CAPÍTULO 2

Raya Negra rompe las reglas

A la mañana siguiente, Fuego de Plata guió a su manada a un lugar donde había escondido algo de carne de alce. Escarcha Negra no tenía hambre. Caminó ansioso, hasta que se tumbó.

Fuego de Plata dejó de masticar.

—¿Te sientes enfermo? —preguntó.

Escarcha Negra negó con su cabeza. Sin embargo, se veía preocupado.

—Ayer, Raya Negra agarró comida de un humano. Los guardabosques cerraron el área hasta que encuentren al lobo responsable. ¿Y si me culpan?

Todos dejaron de comer. Raya Negra era un buscapleitos y Escarcha Negra se le parecía. Escarcha Negra era alto y larguirucho, y tenía una marca negra en forma de rayo en su pelaje.

Fuego de Plata pensó en una de las reglas más importantes entre los lobos de Yellowstone: los animales salvajes nunca se deben aproximar a la gente. Los que rompían esta regla podían ser capturados por los guardabosques.

Fuego de Plata se paró.

—Voy a buscar a Raya Negra. Él también debe seguir las reglas.

Los otros le dijeron que no se involucrara, pero Fuego de Plata estaba decidida. Debía hallar a Raya Negra antes de que los guardabosques lo hicieran.

Fuego de Plata corrió velozmente hacia la cordillera del lado este del lago, donde había un fuerte rastro de Raya Negra. Luego, descendió entre los pinos. Se detuvo y observó un lobo a la distancia trotando hacia el límite del parque. Fuego de Plata aulló, luego bajó rápidamente la pendiente hacia Raya Negra, intentando alcanzarlo antes de que abandonara el parque.

—Por fortuna te he encontrado —le dijo jadeando Fuego de Plata cuando finalmente lo alcanzó—. Casi has salido de los límites de Yellowstone.

Raya Negra entrecerró sus ojos.

—Sé dónde estoy, Fuego de Plata.

Raya Negra echó una mirada a las reses y ovejas en los pastos cercanos.

—He estado aquí muchas veces —dijo.

Fuego de Plata estaba conmocionada. Si Raya Negra cruzaba el límite del parque hacia el territorio de los rancheros, todos los lobos de Yellowstone serían castigados.

—Solo habrá problemas si un lobo con un collar de radio-seguimiento me acompaña —dijo—. Así que tendrás que dar la vuelta y regresar a tu manada. Yo, por mi parte, puedo hacer lo que quiera.

—Pero si alguien te ve —advirtió Fuego de Plata.

—No lo harán —insistió—. Me muevo como el viento y soy tan silencioso como un ratón.

El sonido del motor de un auto los sobresaltó.

—Nunca me viste —dijo bruscamente Raya Negra, mientras se precipitaba entre los árboles, antes de que los guardabosques lo vieran.

Aparecieron dos guardabosques.

—Ese lobo está muy lejos de su casa —dijo uno de ellos—. No es el de la raya negra que vieron los rancheros.

Fuego de Plata no esperó a oír más. Corrió de regreso a lo alto de la colina lejos de los guardabosques. "¡Paf, paf!", sus patas resonaban en el suelo. Su corazón palpitaba, "pum, pum", pero ahora estaba segura de lo que debía hacer.

Detective del lenguaje	**El texto subrayado es una onomatopeya. Busca otra onomatopeya en esta página. ¿Qué representa?**

CAPÍTULO 3

Fuego de Plata y el Consejo de Lobos

—He decidido que quiero liderar el Consejo de Lobos —anunció Fuego de Plata en la reunión del consejo. Los lobos se pararon a su alrededor y su propia manada la miró con los ojos brillantes de orgullo.

—Eres muy joven —dijo Magnus, que era uno de los lobos más viejos—. ¿Por qué confiaríamos en ti?

Fuego de Plata habló claramente.

—Mis ancestros han sido líderes fuertes. Tengo muchas destrezas, que incluyen la amabilidad y el trabajo en equipo. Soy suficientemente fuerte para cazar sola, sin embargo, quiero hacerlo con mi manada. Podría romper las reglas y dejar el parque o robar comida, pero yo hago lo que es mejor para los lobos de Yellowstone. Cola Gris nos enseñó que algunas reglas son necesarias para la supervivencia.

Unos pocos miembros de la manada de lobos grises comenzaron a quejarse. Raya Negra miró ferozmente a Fuego de Plata. Fuego de Plata continuó:

—Los lobos de Yellowstone deben cooperar y compartir responsabilidades.

Detective del lenguaje	**En el texto subrayado, haber es un verbo auxiliar. Busca otro ejemplo en esta página.**

Raya Negra se abrió paso hacia el frente.

—Los lobos también tienen derechos y libertades. Somos los animales más fuertes del parque. ¿Por qué tenemos que permanecer dentro de los límites cuando hay buena comida allá afuera? —dijo señalando más allá del límite del parque.

—Porque los guardabosques nos expulsarán —respondió Fuego de Plata—. Además, no necesitamos su comida. Estamos orgullosos de ser animales salvajes, no carroñeros. Eso es lo que diría Cola Gris, y yo estoy de acuerdo.

Fuego de Plata miró a los lobos a su alrededor.

—Pretendo postularme para líder del Consejo de Lobos. ¿Tengo un opositor?

Raya Negra se enfrentó a ella y declaró:

—Yo competiré contra ti. Seré un líder fuerte que no tiene miedo de tomar decisiones.

Algunos de los lobos jadearon y retrocedieron. Fuego de Plata no reaccionó a las palabras de Raya Negra, sin embargo, le sostuvo la mirada. Finalmente, Raya Negra miró hacia otro lado.

Magnus anunció:

—Necesitamos tiempo para pensar sobre lo que realmente necesitamos en un líder. Nos reuniremos mañana en la noche para votar.

CAPÍTULO 4
Se escoge un nuevo líder

—Perdón pequeños, ustedes son muy jóvenes para votar —les dijo Fuego de Plata a Pequeña Mancha y Pie Blanco la tarde del día siguiente de camino a las elecciones—. Llegará su turno cuando sean mayores.

Los tres lobos comenzaron a atravesar juntos el camino, pero unos lobos grandes de la manada de lobos grises les bloquearon el paso.

—Queremos hablar contigo a solas —susurró Caracortada a Fuego de Plata.

Fuego de Plata se dirigió a sus cachorros.

—Hagan una carrera entre los dos hasta el claro del consejo. Su padre ya está allá. Encuéntrenlo y espérenme.

Los cachorros asintieron y salieron disparados por entre los árboles. Fuego de Plata se sintió más calmada cuando los pequeños se alejaron, pero aún seguía nerviosa. Los lobos grises no se veían amigables. Les dijo:

—Hablen rápido o llegaré tarde a la reunión.

—Eso sería una lástima, ¿cierto, amigos? —dijo con desdén Caracortada, mientras los demás lobos resoplaban como si hubiera contado un chiste.

Cuando cuatro de los lobos comenzaron a acercarse a ella, Fuego de Plata cruzó de prisa el camino frente a un autobús que llevaba turistas fuera del parque. Los pasajeros gritaron: "¡Lobo!", y el conductor viró el autobús sobre el pasto.

El autobús separó a Fuego de Plata de los lobos que la perseguían, haciendo más fácil su huida. Pronto vio el claro del consejo y oyó la voz de Magnus.

Fuego de Plata llegó al claro y buscó a Pequeña Mancha y a Pie Blanco. Los vio con Danza de Luna y suspiró aliviada.

Luego otra cara llamó su atención. Raya Negra estaba junto a Magnus con el ceño fruncido. El grupo estaba tan callado que Fuego de Plata podía oír su propia respiración. El sonido de insectos alados zumbó en sus oídos.

Magnus llamó a Fuego de Plata. Sus ojos eran cálidos y llenos de comprensión. Le dijo con prudencia:

—Tus cachorros nos contaron que algunos lobos grises te detuvieron para hacerte preguntas.

Raya Negra frunció aún más el ceño.

—¿Confío en que aún quieres hacer campaña para ser líder del consejo? —preguntó Magnus.

Fuego de Plata asintió. Luego, ella y Raya Negra dieron la espalda a los otros lobos y quedaron de frente al bosque. No podían ver qué lobos votaban por ellos.

Magnus anunció al grupo:

—Ustedes conocen las reglas. Pueden votar solo una vez y deben ser adultos —dijo—. Aúllen sostenido y fuerte si votan por Raya Negra.

Los aullidos hicieron eco suave en el aire frío de la noche. La manada de lobos grises fue la que aulló más fuerte.

Magnus esperó a que el sonido se desvaneciera. Luego dijo:

—Aúllen sostenido y fuerte si votan por Fuego de Plata.

Los lobos cantaron como un coro en un buen ensayo. Fue realmente fuerte y abrumador.

—Den la vuelta, por favor —dijo Magnus—. Fuego de Plata, eres nuestra nueva líder. Cola Gris estaría orgulloso de saber que transmites lo que enseñó.

Fuego de Plata notó la cara de disgusto de Raya Negra y le susurró:

—Necesitaré tu ayuda. Juntos, haremos más fuertes a las manadas.

Raya Negra suavizó su rostro. Fuego de Plata se dirigió a la manada y alzó la voz:

—¡Me alegra trabajar con todos ustedes!

Respuesta a la lectura

Resumir

Usa detalles importantes de *Los lobos de Yellowstone* para resumir el relato. Usa el organizador gráfico como ayuda.

Evidencia en el texto

1. ¿Cómo sabes que este relato es una fantasía? **GÉNERO**

2. ¿Desde qué punto de vista se cuenta este relato? Da ejemplos del texto que muestren el punto de vista de la autora. **PUNTO DE VISTA**

3. ¿Qué quiere decir el narrador en la página 12 cuando dice: "Los cachorros salieron disparados"? **MODISMOS**

4. Escribe cómo cambiaría este relato si lo contara un narrador en primera persona. **ESCRIBIR SOBRE LA LECTURA**

Género **Texto expositivo**

Compara los textos

Lee sobre por qué algunas personas se postulan para alcalde.

¿Quién quiere ser alcalde?

¿Alguna vez has sido un líder de grupo? ¿Alguna vez has sido capitán de un equipo de deportes? El alcalde de una comunidad local también es un líder.

Elegir un alcalde

Muchos pueblos y ciudades en Estados Unidos tienen un ayuntamiento o concejo. El tamaño de un concejo depende del tamaño del pueblo o ciudad. Los líderes de grandes ciudades, como Nueva York y Los Ángeles, tienen mucha responsabilidad.

Un alcalde por lo general dirige el concejo de un pueblo o ciudad. Administra el concejo para que se ocupe de los intereses y necesidades de la gente.

Suele ser elegido por un período de dos a cuatro años. Hay normas sobre cuántas veces se puede reelegir un alcalde.

Las responsabilidades del alcalde

Un alcalde tiene muchas responsabilidades. Trabaja con los concejales para planear cómo usar el dinero del presupuesto. El dinero se gasta en proyectos de la comunidad y servicios, como bibliotecas, parques, centros deportivos y recolección de basura.

Los alcaldes y sus concejos también toman decisiones sobre las escuelas y la vivienda. Consideran ideas para crear nuevos empleos. Controlan que las empresas locales sigan las normas de salubridad, seguridad y ambientales. Los alcaldes y concejos también trabajan con el gobierno estatal para satisfacer las necesidades de las áreas locales.

Los alcaldes trabajan en el ayuntamiento o edificios del concejo.

La Constitución estatal

Estados Unidos es tan grande que cada estado tiene su propio gobierno. Los estados también tienen constituciones estatales que protegen los derechos de sus ciudadanos. El gobierno estatal y los concejos de los pueblos o ciudades comparten responsabilidades, y trabajan juntos para que las cosas funcionen sin problemas en las comunidades de todo el estado.

Muchos alcaldes dirigen las reuniones del concejo. Estas reuniones se realizan para discutir temas que afectan a las personas. Allí se votan las nuevas leyes. A veces el alcalde tiene el voto final cuando el concejo está tomando una decisión difícil.

Como líder, él o ella asiste y habla en ceremonias especiales, desfiles y festivales. Si un visitante importante, como el gobernador del estado, llega al pueblo, el alcalde les da la bienvenida.

Ser alcalde es perfecto para la gente a la que le gusta liderar y trabajar por su comunidad. Los alcaldes saben que sus comunidades mejoran cuando la gente trabaja, juega y disfruta unida.

Los alcaldes asisten con frecuencia a ceremonias para inaugurar nuevas empresas o edificaciones.

Haz conexiones

¿Qué hace un alcalde? **PREGUNTA ESENCIAL**

¿Qué conexiones puedes hacer entre las razones de Fuego de Plata para querer ser la líder en *Los lobos de Yellowstone* y las responsabilidades de un alcalde en *¿Quién quiere ser alcalde?* **EL TEXTO Y OTROS TEXTOS**

Enfoque:

Elementos literarios

Onomatopeya Una onomatopeya es una palabra que suena como lo que representa. Los sonidos de los animales son un buen ejemplo de onomatopeya. *Guau, miau, croac* y *pío* suenan como los sonidos que hacen distintos animales.

Lee y descubre En la página 2 en *Los lobos de Yellowstone*, la palabra *aullar* te remite al sonido *"au"* que hacen los lobos.

En la misma página, la palabra ronronear se relaciona con el sonido que hacen los lobeznos para manifestar que están contentos: *rrr – rrr- rrr.*

Tu turno

Describe un ambiente sonoro usando onomatopeyas. Haz una tabla en T con el título "Ambiente" para una columna y "Sonidos" para la otra. Completa la tabla con al menos cuatro ambientes y dos o tres sonidos que escucharías en cada ambiente. Luego escribe una oración para cada ambiente usando los sonidos de la tabla. Lee las oraciones en voz alta y haz ajustes, si es necesario. Ilustra tu ambiente sonoro y muéstralo a los demás.